將帥大進擊

歷代勇者的忠肝義膽

韓明輝 著

「君要臣死，臣……臣不在服務區。」

目錄
CONTENTS

孫武

沒有我帶不了的兵

想必大家都聽過被譽為「兵學聖典」的《孫子兵法》？

但你知道嗎？它是「兵聖」孫武在二千五百多年前的春秋時期寫成的。直到今天，依然是暢銷書，且被翻譯成英、法、德、日等幾十種語言。

別看《孫子兵法》只有十三篇，共六千多字，但在孫武死後的二千多年間卻為他圈粉無數。

孫武的粉絲遍布古今中外，而且很多都是實力派巨星！

例如：曹操、李世民、韓信、美國總統理查·尼克森（Richard Nixon），以及英國空軍元帥約翰·斯萊塞（John Slessor）！

事實上，早在《孫子兵法》寫出來不久，孫武就收穫一個明星級的鐵粉：吳王闔閭。

偶像，如果你開簽書會，我一定號召全國人民捧場！

闔閭曾將孫武請到王宮，讓孫武現場演練兵法。

我已經拜讀過你的大作，能不能替我現場演練一下？

在古代，打仗這種十分血腥的工作基本上都被男人承包，然而闔閭卻故意出個難題給孫武。

可以用女人演練嗎？

只要是個人就行！

闔閭叫來一百八十個正妹，全部交給孫武。

孫武將她們分成兩隊，每隊隊長由闔閭寵愛的姬妾擔任。

隨後，孫武給她們每人發放一把兵器，教她們如何演練。

知道自己的心、左右手和背在哪裡嗎？

嗯哪！

我說向前，妳們就看向心口所對的方向。我說向左，妳們就看向左手所對的方向。我說向右，妳們就看向右手所對的方向。我說向後，妳們就看向後背所對的方向。

嗯哪！

交代完號令後，孫武把懲罰士兵的大斧、斫刀等刑具一一擺放在妹子們前面。

孫武擔心她們記不住，像錄音一樣把剛才的號令反覆講了幾遍。

然後，他擊鼓讓妹子們向右看，她們笑得花枝亂顫，完全不把孫武的號令當回事。

　　然而，孫武卻自責說：

　　於是，孫武又反覆交代幾遍號令給她們聽，然後擊鼓讓她們向左看，妹子們卻笑倒一片。

孫武突然滿臉殺氣地說：

士兵對紀律不清楚、對號令不熟悉，是將領的過錯。現在既然已經講得清清楚楚，妳們卻不按令行事，那就是軍官和士兵的過錯！

　　孫武隨即下了一個令在場所有人都震驚的命令：斬殺兩名隊長。

　　闔閭本來只是圖個樂子，豈料孫武竟然動真格，這下可把他嚇壞了，連忙向孫武求情。

我已經知道將軍善於用兵，懇請將軍饒她們一命！我要是沒有這兩個姬妾，會吃不下飯，睡不好覺的！

我既然已經被大王任命為將，將在軍隊中可以不接受君主命令！

孫武一點面子都不給，強行殺了闔閭的兩個姬妾。
緊接著，他重新任命兩名隊長，再次擊鼓發號施令。
這次，妹子們比小貓還乖，要她們做什麼就做什麼。

即便讓她們和你一起學貓叫，讓她們在你面前撒個嬌，她們也會照做！

等一切準備就緒，孫武便邀請闔閭前去觀看演習。

大王可以檢驗她們了！
你想怎麼號令都可以，
哪怕讓她們赴湯蹈火，
她們也在所不辭！

　　闔閭一下失去兩名心愛的姬妾，那叫一個氣啊，哪裡還有心情觀看演練，當即回絕孫武。

不好意思，沒心情！

看來大王只是欣賞我
的軍事理論，卻不能
讓我付諸實踐啊！

不過，生氣歸生氣，闔閭確實見識到孫武的真本事。他氣消後，正式讓孫武做將軍。

當時，楚國、齊國、晉國都是超級大國，也都曾做過霸主。

然而，在孫武的帶領下，吳國差點滅掉楚國，且威震齊、晉兩國，可謂出盡風頭。

貳

吳起

戰神的世界，你不懂

古人云，勝敗乃兵家常事。然而，戰國時期卻出現一個不敗將軍，他創造「大戰七十六次，全勝六十四次，其餘不分勝負」的不敗神話，這個人就是與孫武齊名的「戰神」吳起。

西點軍校和黃埔軍校加起來也培養不出你這麼優秀的人才！

吳起是衛國人，年輕時，他是個富二代，但與只會開跑車、逛夜店的富二代不同，因為他是個有理想的富二代，而他的理想則是做大官。

做富二代如果沒理想，
和鹹魚有什麼區別？

不過，他和大多數富二代都有一個通病，認為有錢就能任性，但現實卻賞了他一記響亮的耳光：他敗光家裡所有的錢，也沒能混上一官半職。

上千金的家產，就是掉在地上
也能砸出一個大坑，沒想到砸
在官場上卻連個聲響都沒有！

朝裡無人莫做官！

《憤怒鳥》告訴我們一個道理：當你落魄時，總會有一群豬在背後嘲笑你。

　　吳起也不例外。鄰居們見他敗光家產，嘴都快笑歪了。

不要嘲笑一個有理想的人，除非你實在忍不住！

　　誰都沒有想到，一聲嘲諷竟然會引發一場驚天血案！

　　自尊心受到極大傷害的吳起，一口氣殺了三十多個嘲笑他的人。

殺人是死罪，吳起只好逃往國外。逃跑前，他咬著自己的
胳膊對老媽發誓說：

出國後，吳起找到一家私立學校繼續深造，並拜在高級教師曾子的門下。

後來，吳媽媽去世，吳起沒有回家奔喪。

曾子瞧不起他這種不孝子，不久就被勒令退學了。

吳起輾轉來到孔子的祖國魯國，並在一所高等軍事學院裡學習兵法。

等到學有所成，吳起做了魯國的大老闆魯穆公的打手。

和我混，保證讓你
平步青雲！

有一年，齊國人到魯國踢館。魯穆公想讓吳起做將軍迎戰齊國人，但考慮到他老婆是齊國人，所以很糾結。

吳起為了不讓魯穆公糾結，回到家，一劍砍死了老婆。

渣男！

不久，吳起如願以償地做了將軍。這對吳起而言，可謂大姑娘坐花轎──頭一回，所以他十分珍惜。

　　在吳起的調教下，魯軍從蝦兵蟹將一躍變成虎狼之師。

　　齊、魯之戰的結果很明顯，魯軍很輕鬆地打敗強大的齊軍。

果然強將手下無弱兵！

　　此戰，讓吳起一戰成名。

　　俗話說，人怕出名豬怕壯。你一出名，別人心裡就不平衡，就想搞垮你。

　　為了趕跑吳起，有人不斷地在魯穆公面前說他的壞話。

吳起太狠了！鄰居嘲笑他幾句，他就殺人；老媽死了，也不回家奔喪；為了當將軍，連老婆也殺。這種人能重用嗎？

魯國是個小國，一旦有了戰勝大國的名聲，很容易激怒其他國家！

再說了，我們與衛國是兄弟國，魯國重用衛國的殺人犯，這不等同於拋棄衛國嗎？

魯穆公聽信其所言，從此不再寵信吳起，還將他炒魷魚。

就你這智商，再往下傳幾代，八成會走火入魔！

吳起聽說魏文侯是個好老闆，便去魏國應聘。

當時，吳起還是新秀，魏文侯對他一無所知，便問手下：

吳起這人怎麼樣？

既貪戀虛名，又好色，但在打仗方面，就連能征善戰的司馬穰苴也不是他的對手！

此時，魏國正是用人之際，魏文侯決定破格錄用吳起。吳起沒有讓他失望，做將軍沒多久就送他一份大禮。

吳起不但擅長打仗，還特別會籠絡人心。雖然身為大將軍，但平時卻和低階士兵穿同款衣服、吃相同便當，從來不要特權。

曾經有個士兵得了惡性毒瘡，吳起滿重口味的，直接用嘴幫他把膿液吸出來。然而，士兵的媽媽聽說這事後卻號啕大哭起來。有人好奇地問她：「你兒子只是個無名小卒，將軍親自替他吸膿，妳為何還不開心？」士兵的媽媽抹了把眼淚，回答：「吳將軍曾替他爸吸過毒瘡，從那以後，他爸在戰場上打起仗來不要命，結果死在敵人手裡。如今，吳將軍又替他吸毒瘡，我不知道他將會死在什麼地方！」

真正優秀的將軍能讓士兵把命豁出去為你而戰！

在魏國，吳起創建一支打遍天下無敵手的魏武卒。

他曾率領五萬魏武卒大敗五十萬秦軍，並奪取秦國的戰略要地 —— 河西之地。

有人可能會好奇，成為魏武卒有什麼硬性要求嗎？當然有！如果你能頭戴鐵盔，身披三重鐵甲，手執長戟，腰挎利劍，拉開十二石弓弩，背五十支箭矢，攜帶三天乾糧，半天走一百里地，就能成為魏武卒。雖然選拔嚴格，但一旦被錄用，就能享受超一流待遇，例如不用納稅，國家還獎勵房子和田地。

不要怕有能力卻得不到好待遇，人的待遇與能力成正比！

沒多久，吳起便在魏國紅透半邊天。

當時在魏國，除了國君，沒人比吳起更紅。但等到魏文侯的兒子魏武侯即位時，吳起卻碰到一件糟心事：「後浪」田文爬到他頭上，做了相國。吳起本以為「相國」是他的囊中之物，不料被田文奪去，心裡很不爽。為此，他曾找田文理論。

統領三軍，讓士兵心甘情願為國家死戰，讓敵國不敢打魏國主意，我們誰做得更好呢？

當然是你！

吳起見田文還算有自知之明，於是便問他：

既然這些你都不如我，但你的官卻比我大，還有天理嗎？

如今，國君還很年輕，國人疑慮不安，大臣不親附，百姓不信任，這種情況下，是把政事託付給你好呢？還是託付給我好呢？

　　田文一句話噎得吳起半天說不出話來。沉默良久，吳起滿臉通紅地回答說：

託付給你更好！

這就是我官比你大的原因！

田文死後，駙馬公叔痤做了相國。

公叔痤做得非常忐忑，每次見到吳起都像老鼠見了貓似的，生怕會被他取代。

為了排擠吳起，僕人替公叔痤想了個奧步。

僕人究竟給公叔痤出了什麼奧步呢？僕人知道吳起大男人主義，又愛好虛名，便設法挑撥，離間魏武侯與吳起的關係。他讓公叔痤對魏武侯說：「吳起是個有本事的人，但魏國廟小，恐怕容不下他這尊大佛！」魏武侯急了，連忙問公叔痤怎麼辦。公叔痤說：「可以用下嫁公主的辦法試探他，如果他想長期留在魏國，一定會答應這門親事；如果不答應，說明他另有打算。」隨後，公叔痤邀請吳起到他家吃飯，其間故意激怒公主，讓公主羞辱他。吳起誤以為公主一向這般潑辣，所以等魏武侯向他提親時，他怕成為「妻管嚴」，說出去不好聽，便委婉地拒絕了。從此以後，魏武侯便開始猜忌吳起。吳起擔心魏武侯會整他，便離開了魏國。

吳起是塊金子，到哪裡都會發光。離開魏國後，他來到楚國，並得到夢寐以求的相國一職。

在楚悼王的大力支持下，吳起大刀闊斧地進行一場變法，使得楚國武力值暴增。

不久，楚國向南平定百越，向北吞併陳、蔡二國，並擊退韓、趙、魏三國的進攻，向西打得秦軍哭爹喊娘。

現在我可以驕傲地說，在列國中，沒人敢與我楚國一較高下！

楚國本來還有進步空間，但可惜的是，吳起因為變法損害貴族們的利益，等楚悼王一死，貴族們立刻發動叛亂，要殺吳起。

　　吳起是個聰明人，見大夥拿箭要射殺他，一溜煙跑到太平間，趴在楚悼王的屍體上。

朝國君的屍體射箭是要滅族的，吳起自以為有了護身符，卻沒想到那幫人恨他入骨，直接把他和楚悼王射成刺蝟。

吳起雖然死得很慘，但即位的楚悼王兒子——楚肅王替他報了仇，將射殺他的人和射中楚悼王屍體的人全部滅族。算下來，被滅族的竟高達七十多家。

放心地去吧，我會讓殺你的人和他們的族人給你陪葬！

参

白起

殺敵一時爽，一直殺敵一直爽

戰國時期，如果比哪位將軍殺敵最多，恐怕非白起莫屬。據統計，他一生殺敵多達上百萬人，所以人送綽號「人屠」。

據梁啟超先生統計，整個戰國時期，一共戰死二百萬人，其中一半死在白起手中！

年輕時，白起就表現出驚人的打仗天賦，尤其擅長殲滅戰。

他靠著一路打怪升級，從一名新兵一步步晉升為大將軍。

好好幹，你還有升級的空間！

　　有一年，白起占領韓國的野王城，導致上黨郡通往都城的道路被切斷。上黨郡守馮亭對老百姓說：

與都城失去聯繫，上黨恐怕難以堅守，不如我們把上黨的十七座城打包送給趙國。一旦趙國接受，秦國必然憤怒，進而攻打趙國；趙國受到攻擊，必定與韓國聯合，一起抵擋秦國！

這招高明！

有人白白送你十七座城，你要不要？

趙王當然想要，不過他的大臣有反對的，也有贊同的。

秦國覬覦上黨良久，如今付出巨大代價，卻讓趙國白白得利，哪有這等好事！接受它帶來的災難遠比好處多！

出動百萬大軍，一年半載還拿不下一座城。現在有人白白送來十七座城，不要白不要！

最後，愛占小便宜的趙王拍板決定：要！

你打開了潘朵拉的盒子！
今後，趙國恐怕會災難不斷！

到嘴的肥肉竟然讓趙國給吃了，秦國能不生氣嗎？

秦王一不做、二不休，直接派兵從趙國手中搶走上黨，害趙王空歡喜一場。

如今，擺在上黨老百姓面前的只有兩條路：一、繼續留在上黨，做秦國子民；二、逃往趙國，做趙國子民。他們用腳投票的結果是逃往趙國，趙王立刻派兵前往長平接應。秦王隨即派大將王齕攻打趙國，趙王派大將廉頗迎戰。兩軍交戰，趙軍屢戰屢敗，廉頗只好堅守不出。廉頗不接招，王齕只能乾瞪眼。眼下，防守對於趙軍更有利，但趙王不懂，以為廉頗被打怕了，便三天兩頭派人責備他。

就你這膽小樣，怎麼配被列入「戰國四大名將」？是不是花錢賄賂評審？

為了速戰速決，秦國便派間諜到趙國四處散布謠言。

廉頗很容易被搞定，他馬上就要投降了！

你知道秦國最怕誰嗎？是馬服君趙奢的兒子趙括！

趙王本來就怨恨廉頗做縮頭烏龜，再加上聽到很多謠言，便將廉頗炒魷魚，換上喜歡紙上談兵的趙括。

知道趙括的媽媽聽說他做將軍是什麼反應嗎？兩個字：驚恐！她連忙向趙王上書說：「趙括不能做將軍！」趙王問：「為何？」她回答：「他爹做將軍時，對人非常好，朋友非常多，大王和貴族們賞賜的東西，他都分給將士們。從成為將軍的那一刻起，他就不再過問家事，專心打仗。然而趙括做將軍，將士們都不敢抬頭看他，大王賞賜的東西，他都帶回家收藏，且經常到樣品屋看房，去田間看地，想為自己買房、買地。無論哪方面，他都比他爹差，所以大王千萬不要讓他當將軍！」趙王不聽，她只好懇求：「如果趙括不稱職，希望大王不要株連到我！」趙王滿口答應了。

秦王見奸計得逞，便暗中讓白起取代王齕做大將軍，並對全軍下令：

白起與趙括帶著各自的人馬在長平廝殺，結果趙括被射成刺蝟，四十萬趙軍被迫投降。

　　就在這時，白起幹了一件毫無人性的事：將四十萬趙軍幾乎全部坑殺，只放走二百四十個年紀比較小的士兵。

趙軍反覆無常，如果不將他們消滅，恐怕會出亂子！

　　隨後，秦國繼續攻打韓國、趙國。韓國、趙國知道再打下去，遲早會亡國，便派縱橫家蘇代去遊說秦相范雎。

白起殺掉趙括，即將圍攻趙國都城邯鄲，趙國一旦滅亡，秦王就會稱霸天下，而白起也會被封為三公。他做了三公，你願意屈居他之下嗎？

當然不能！你有什麼好辦法嗎？

不如趁韓國人、趙國人害怕之際，讓他們割地求和，如此一來，白起就無法再建功立業了！

這主意不錯！

為了不讓白起爬到頭上，范睢勸秦王說：

我們的士兵沒日沒夜地打仗，實在太疲憊了！不如讓韓國、趙國割地求和，好讓我們的士兵休整一下！

秦王認為范睢說得有道理，便答應了。不久，韓國、趙國紛紛向秦國割讓城池。

幹得漂亮！白起這輩子都沒機會爬到你頭上了！

趙國主力軍在長平之戰中已悉數被殺，國內都是老弱殘兵，不堪一擊。

　　白起本來想一鼓作氣滅掉趙國，不料卻收到停戰命令，非常惱火，卻也沒轍。

一旦給了趙國喘息的機會，再想滅掉它，比登天還難！

　　沒多久，秦王想繼續攻打趙國。當時白起因病住院了，秦王便改派王陵攻打邯鄲。

　　王陵很無力，儘管沒少派兵給他，但他不僅沒什麼收穫，還沒少損兵折將。

你的打仗功力沒有修煉到家啊！

等白起出院後，秦王想讓白起替代王陵統領部隊，但白起卻說：

秦軍雖然在長平之戰中消滅四十餘萬趙軍，但秦軍也死傷過半，以至於國內兵力空虛。我軍越過千山萬水去攻打別人的都城，一旦城內的趙軍與城外的援軍裡應外合，必定大敗我軍！這個仗不能打！

如今，邯鄲著實不易拿下，況且諸侯們的援軍立刻就能到達！

秦王親自下令讓白起開赴前線，但白起不聽。秦王沒招，只好讓范雎去請，但白起依然不給面子。

秦王只好退而求其次，派王齕替代王陵統領部隊。可惜王齕也未能改變戰局，且傷亡慘重。

就在秦王為此大發雷霆時，白起卻抱怨說：

秦王聽到白起的抱怨後，差點氣死。

秦王再次強迫白起奔赴前線，但他依然拒不服從。

不好意思，
我的病還沒好！

秦王惱羞成怒，奪去白起的爵位。

不久，諸侯聯軍合力攻打秦軍，秦軍屢戰屢敗，戰敗的戰報天天像雪花一樣飄來。

秦王遷怒於白起，並派人將他驅逐出都城咸陽。

然而，白起剛離開咸陽沒多遠，秦王與范睢和群臣商議說：

於是，秦王派人追上白起，並賜給他一把寶劍，命他自殺。
臨死前，白起仰天長嘆道：

> 我本來就該死啊！長平之戰中，我用陰謀詭計坑殺數十萬降卒，這足夠拉出去槍斃了！

肆

田單

這個將軍有點坑

冷兵器時代，騎馬打仗是非常常見的事，但如果騎著其他動物或讓其他動物替人類衝鋒陷陣，將會是什麼畫面？

事實上，古今中外確實有這類事發生。

例如，印度人喜歡騎著大象衝鋒陷陣，阿拉伯人喜歡騎著駱駝衝鋒陷陣！

曾取代西漢建立新朝的王莽，手下有一個比姚明還高的巨人叫巨毋霸，他能驅使虎、豹和犀牛衝鋒陷陣！

大象、駱駝、老虎這類動物都有各自獨特的技能，帶著牠們打仗自然更有優勢，但你聽過使用火牛衝鋒陷陣的嗎？

　　戰國時期，齊將田單就曾這麼做！

能想出用火牛打仗的人，可不是一般的高手！

　　說起來，田單和齊國國君齊湣王還是親戚。

　　儘管如此，在齊湣王執政時期，田單沒有受到重用，只在都城做了一個小小的基層幹部。

齊國曾經做過一件缺德事：趁燕國內亂攻破燕國。燕昭王為了報復，便派大將樂毅去齊國砸場子，結果嚇得齊湣王倉皇逃出都城。在此期間，田單也逃出都城，並躲到安平。

田單猜到燕軍遲早會攻打安平，所以早早命族人將車軸
兩端突出的部分全部鋸掉，換上鐵箍。當燕軍進攻安平
時，齊國人爭相逃亡，很多人因為馬車被撞得軸斷車毀
而被俘虜，只有田單和族人得以安全逃脫。

沒多久，燕國一舉攻下齊國七十餘城，只有齊湣王所在的
莒城和田單所在的即墨一直未能攻下。

幸虧這兩座城池固若
金湯，要不然齊國就
玩完了！

燕軍聽說齊湣王躲在莒城，便集中所有火力攻打莒城。

　　為了幫莒城減輕壓力，前來救援齊國的楚將做了一件挺奇葩的事：直接把齊湣王宰了！

　　儘管如此，燕軍一連打了好幾年，卻始終沒能拿下莒城。

　　燕軍只好掉頭攻打即墨，即墨守將出城與燕軍大戰，結果壯烈犧牲。

正當即墨群龍無首時，大夥突然想起當初在安平之戰中保全族人的田單。

後來，燕昭王去世，兒子燕惠王即位。田單聽說燕惠王和樂毅合不來，便設計離間二人。

齊王已死，齊國仍有兩座城池沒有攻破。樂毅害怕回去被殺，所以不敢回國，便想與齊軍聯合，在齊國稱王！由於齊國人還沒有歸附，所以他故意拖延時間，慢慢攻打即墨。齊國人最怕燕王會派其他將領攻打即墨，那麼即墨就必破無疑了！

　　燕惠王不知是計，便將樂毅從燕國召回，然後派其他將領取代樂毅。

　　樂毅知道回去不會有好果子吃，於是逃往趙國。

你為何不敢回來見我？
是不是心裡有鬼？

和你這種智商的
人很難溝通！

田單見燕惠王上當，便開始裝神弄鬼。

田單命城中軍民吃飯前都要祭祀祖先，飛鳥見到祭品，
成群結隊地飛來，在即墨上空盤旋飛舞。城外的燕軍見
狀，感到十分驚奇。這時，田單對外聲稱：「這是神仙
將要下凡來即墨指導，教我們如何打敗燕軍！」

不久，田單對自己人說，一定會有神仙來做我的老師。
隨後，他找來一名臨時演員，並讓臨時演員當眾對他
說，我可以做你的老師嗎？說完便揚長而去。田單連忙
裝模作樣地把臨時演員請回來，像對老師一樣對待他。
每次發號施令，他都聲稱是受到神仙指點。

　　裝神弄鬼還不算最絕，最絕的是田單連自己人也坑。他對
外聲稱：

我最怕燕軍把齊國俘虜的鼻子割掉，然後將他們放在隊伍的最前面與我們交戰，那麼即墨就完蛋了！

燕軍都是豬一樣的對手，傻乎乎地將齊國俘虜的鼻子一一割掉，然後與齊軍交戰。

齊軍看到戰友被割掉鼻子，個個義憤填膺，拚死守城，生怕被擄去割掉鼻子。

想要攻破即墨，除非從我們屍體上踏過去！

田單感覺坑自己人坑得還不夠盡興，於是又對外聲稱：

> 我很害怕燕軍會挖掉我們城外的祖墳，侮辱我們的祖先，要是那樣就太讓人寒心了！

　　燕軍特別擅長拉仇恨，又把齊國人的祖墳給刨了，還把墳墓裡的屍體燒掉。

　　齊國軍民站在城樓上，看著祖先遭受凌辱，個個痛哭流涕，紛紛懇求出城與燕軍拚命。

田單見齊國人的怒火被徹底點燃，知道是時候收拾燕軍了。

只要你們投降，一切好說！

　　燕軍堅信齊國人一定會投降，所以防備十分鬆懈。這時，田單才決定放大招：用火牛衝鋒陷陣。

田單找來一千多頭牛，給牠們披上帶有五顏六色蛟龍圖案的大紅色外衣，並在牛角綁上利刃，在牛尾巴綁上浸滿油脂的蘆葦。等到大半夜，田單將城牆鑿開十幾個大洞，點燃牛尾巴上的蘆葦。牛被大火燒得疼痛，瘋了似地衝向燕軍。凡是被牛觸碰到的燕軍，非死即傷。

我的火牛比神獸還厲害！

與此同時，五千齊軍尾隨火牛悄無聲息地殺向燕軍。

雙方短兵相接，即墨城上老弱婦孺組成啦啦隊，敲鑼打鼓地為齊軍吶喊助威。燕軍哪見過這陣勢，都嚇破了膽，紛紛逃竄。齊軍輕鬆斬殺取代樂毅的齊將，然後乘勝追擊，接連收復被燕軍占領的七十多座城池。

唉，我現在才明白過來，原來我上了你的當！如果不換掉樂毅，燕軍說什麼也不會一敗塗地！

不好意思，你醒悟得太晚了！

　　將燕軍全部趕出齊國後，田單將齊湣王的兒子齊襄王接回都城。齊襄王非常感激田單，便封他為安平君。

沒有安平君，我齊國恐怕很難翻身啊！

伍

韓信

韓信點兵，多多益善

漢高祖劉邦能夠大敗西楚霸王項羽並建立漢朝，有一個人功不可沒，這個人就是戰必勝、攻必克的「兵仙」韓信。

出道前，韓信是個草根，窮得整天睡不著覺。

都說「人窮志短，馬瘦毛長」，但韓信卻志向遠大。

因為窮，所以韓信經常去別人家蹭飯。

知道韓信蹭飯能蹭到什麼境界嗎？他曾在南昌亭亭長的家裡一連蹭了幾個月！後來，亭長老婆實在受不了，就提前做飯、吃飯。一到吃飯時間，韓信便準時去蹭飯，結果發現沒飯可吃。韓信明白她的意思，一氣之下，就再也不來了。

沒飯吃，韓信就去河邊釣魚。也不知道是不是魚想和他比誰更耐餓，死活不上鉤。

曾經有個在河邊洗衣服的老婆婆,見韓信餓得前胸貼後背,很可憐他,一連數十天都帶飯給他吃,把韓信感動得一塌糊塗。

大丈夫不能養活自己就算了,還有臉提報答別人?再說了,我見你可憐才給你飯吃,難道是為了希望你報答我嗎?

等我發達了,一定重重報答您老人家!

見韓信混得人不人、鬼不鬼，有個屠夫就侮辱他說：

別看你小子長得人高馬大，又喜歡帶刀佩劍，不過是個膽小鬼罷了！

如果你不怕死，就拿劍刺我！如果怕死，就從我褲襠下鑽過去！

　　韓信將屠夫上下打量一番，然後趴下，從屠夫的褲襠下鑽了過去。

哈哈，果然是個膽小的哈巴狗！

等到項梁率領江東子弟反抗暴秦時，韓信認為是個出人頭地的機會，於是便去投奔他。

項梁打了幾場勝仗，整個人膨脹得不像樣子，結果兵敗被抹了脖子。韓信又成為他侄子項羽的小弟，但鬱悶的是，項羽只讓他當保鑣。他曾多次替項羽出謀劃策，希望能被重用，但項羽就是不理他。

我出了那麼多好主意給你，你為何一個都不採納呢？

試問，一個百戰百勝的人有必要採納別人的建議嗎？

後來，秦朝滅亡，項羽實力最強，得以分封天下。他自封為「西楚霸王」，封劉邦為「漢王」。

韓信感覺在項羽那裡沒什麼前途，便在劉邦到封國上任期間，悄悄跳槽到劉邦陣營。

樹挪死，人挪活，我還就不信遇不到眼光好的大老闆！

你馬上就會相信！

讓韓信萬萬沒有想到的是，在劉邦的隊伍裡，他不但沒有混出人樣，還犯了死罪。

當時，與韓信一同犯罪的有十三個人。當他們被斬首後，輪到韓信時，他卻大呼道：

漢王難道不想一統天下嗎？
為何要斬殺壯士呢？

這話讓劉邦的專車司機夏侯嬰聽見了。

夏侯嬰一看韓信長得挺帥，就放了他。和韓信聊了幾句，
發現韓信確實是個人才，便將他推薦給劉邦。

這位兄弟太有才了，
你應該給他個官做！

今後，你就是軍糧
供應中心主任了！

管糧食能有什麼出息，韓信很不甘心，又設法搭上丞相蕭何。

蕭何比很多公司的人事部經理更擅長鑑別人才，他一見到韓信，就認定他國士無雙，所以屢屢向劉邦推薦，但劉邦卻一直沒放在心上。劉邦的封國是個鳥不拉屎的地方，沒多少人願意跟他去，所以途中有很多將士紛紛潛逃。韓信自忖劉邦不會重用自己，便在一個月明星稀的夜裡逃走了。

蕭何聽說韓信跑了，拔腿去追。

劉邦以為蕭何也跑了，猶如失去左右手，便將蕭何的祖宗十八代問候了個遍。

我的髒話髒到作者不敢
寫出來！即便寫出來，
也會被編輯刪掉！

過了一、兩天，沒想到蕭何回來了。劉邦見到蕭何，劈頭
蓋臉地將他罵了一頓。

你為何要逃跑？

我哪裡是逃跑啊，
我是去追韓信！

你騙鬼呢？那麼多將領你不追，偏偏追一個韓信，你腦子有病吧？

那些將領容易得到，但像韓信這種人才普天之下找不到第二個！如果你想長期待在漢中稱王，自然不需要韓信，但如果想爭奪天下，非用韓信不可！如果你不重用他，他還會逃跑！

　　蕭何好說歹說，劉邦這才答應讓韓信做大將軍。

　　劉邦本來想把韓信叫來，直接宣布對他的任命，沒想到卻被蕭何攔住了。

大王對人一向傲慢無禮，任命大將軍就像呼喊小孩子一樣，這就是韓信逃跑的原因！如果大王真心想讓他做大將軍，就選擇一個黃道吉日，為他舉行一場隆重的任命儀式！

　　眾將聽說漢王要任命大將軍，都以為自己會中獎，結果到任命那天，卻吃驚地發現中獎者是一個無名小卒。

害得大家白白驚喜一場，
實在對不住了！

等任命儀式結束後，劉邦才想起向韓信請教如何才能奪取
天下。

能與大王爭天下的只有項羽，
在勇猛、強悍、仁厚和實力方
面，你和項羽比，誰更強？

當然是項羽！

接下來，韓信便開始為劉邦分析項羽的優缺點。

項羽一聲怒吼能嚇死人，但他卻不懂得使賢任能，不過是匹夫之勇罷了！

他仁厚，見人家有病，心疼得掉眼淚，但等他立功，卻不捨得替他升職加薪，這不過是婦人之仁罷了！

項羽稱霸天下卻不定都關中，可見他傻。他把好地方分給自己人，卻把壞地方分給外人，搞得諸侯們憤憤不平。他所過之處，雞犬不寧，又把老百姓給得罪了！

他名義上是霸主，實際上卻大失人心。如果大王能反其道而行之，何愁不能奪取天下！

韓信的一番話說得劉邦樂不可支，此後，劉邦便對他言聽計從。

小知識

　　沒過多久，韓信便明修棧道，暗渡陳倉，攻占秦朝的老巢──關中地區。從此，關中地區成為劉邦的根據地。緊接著，韓信一鼓作氣，降伏河南王、韓王、殷王等諸侯，並滅了魏、代二國。

韓信準備攻打趙國時，劉邦卻把他的精銳部隊全部調去打項羽，只留下幾萬老弱殘兵給他，而他的對手卻有二十萬人。

　　這時，有個叫李左車的人向趙將陳餘提出一個打敗韓信的好計謀。

　　而今井陘道路狹窄，兩車不能並行，隊伍綿延數百里，運糧隊伍一定會被遠遠拋在後面！只要將軍給我三萬人，我從小路攔截漢軍糧草和後路。將軍堅守不出，漢軍向前無法戰鬥，向後又沒有退路，要不了多久，我就能把韓信的人頭送過來給你！

　　打仗一向講究兵不厭詐，但陳餘是個儒生，估計讀書把腦子給讀壞了，不贊同使詐。

兵法上說，兵力十倍於敵人就可以包圍它，五倍於敵人就可以進攻。漢軍雖然號稱數萬，實際上只不過有幾千人！

如今，他們千里奔襲，已經累成狗。如果我不應戰，諸侯們都會小瞧我，我們就會被當成軟柿子，任人欺負！

　　韓信派間諜暗中打探，聽說陳餘並未採納李左車的計謀，笑到都快抽筋了。

　　隨後，他帶兵大搖大擺地進入井陘，並在離井陘口三十里的地方安營紮寨。

深夜，他挑選二千精銳騎兵，一人送他們一面軍旗，並告誡他們說：

　　韓信知道趙軍占據有利地勢，不見到他，不會攻擊他的先頭部隊，因為趙軍擔心他一旦遇到危險，撒丫子就跑。

於是，韓信命上萬人做先頭部隊率先通過井陘口，然後背水列陣。

趙軍遠遠望去，都嘲笑韓信不會排兵布陣。

等天一亮，韓信生怕趙軍不知道他要發動進攻似的，敲鑼打鼓地走出井陘口。

　　趙軍一看到韓信的將旗，紛紛殺出。大戰良久，韓信假裝敗退，趙軍果然上當，傾巢而出去追擊他。就在這時，早已埋伏在趙軍營地附近的漢軍衝出來，將趙軍軍旗換成自家軍旗。

趙軍一路追擊韓信到其先頭部隊所在的河邊。

漢軍背靠大河，退無可退，只好背水一戰。

趙軍進攻半天，卻始終無法打敗韓信，只好退回軍營，可一到軍營，頓時傻眼。

趙軍誤以為長官們已被漢軍活捉，頓時大亂，四處逃散。

就在這時，韓信率領漢軍前後夾擊，大敗趙軍，斬殺陳餘，俘虜趙王。

當初你要是聽李左車的計謀，今天就是我死在你手裡！

當初，韓信的手下不相信漢軍能打敗趙軍，更不相信這一戰只用不到一個早晨的時間，然而等到戰勝後，大夥都滿臉疑問。

兵法上說，排兵布陣應該右邊和背後靠山，前邊和左邊靠水。將軍卻讓我們背水列陣，還說打敗趙軍再吃飯，我們都不信，沒想到還真打贏了。這是什麼戰術啊？

這種戰術兵法上也說過，就是「陷之死地而後生，置之亡地而後存」。如果我不把士兵置於死地，他們就不會為保全自己而死戰。如果留有生路給他們，他們就會逃跑，這仗還怎麼打啊！

接下來，韓信下了一個死命令給士兵：不准殺李左車，凡是能生擒李左車者賞千金。

李左車很快被綁到韓信面前，韓信不但沒有為難他，還立刻替他鬆綁，像一個小學生對待老師一樣恭敬，並向他請教討伐燕國、齊國的辦法。

我想北伐燕國，東征齊國，您有什麼好點子嗎？

我聽說敗軍之將沒有資格談論勇敢，亡國的大夫沒有資格謀劃國家的生存。如今，我成了亡國奴，有什麼資格談論大事呢？

百里奚在虞國而虞國滅亡，在秦國而秦國稱霸，這不是因為他在虞國是頭豬，到秦國就變聰明了，而是因為國君沒有重用他。如果陳餘採納您的計謀，我韓信早被您生擒了！

李左車見韓信真心實意想向他請教，便給他出了個主意。

將軍不到一個早晨就打敗二十萬趙軍，誅殺陳餘，可謂震動天下，這是你的優勢。但眼下你的士兵疲憊不堪，很難繼續作戰。如果不能在短時間內打敗燕國，齊國也不會投降！如果將軍能安定趙國，撫慰陣亡將士的遺孤，並犒勞將士，擺出進攻燕國的姿態，燕國不敢不順從，然後派人勸降齊國，齊國就會不戰而降！

韓信採納了李左車的計謀，派人出使燕國，燕國果然投降。

你的主意簡直棒極了！

　　不久，劉邦被項羽重重包圍，只有他和專車司機兩個人逃了出來。

劉邦本來想徵調韓信的軍隊繼續和項羽作對，但他怕韓信看到自己狼狽的樣子會生出二心，於是想了個鬼點子：他自稱是劉邦的使者，趁韓信睡大覺時，偷了他的官印和兵符，奪走他的軍隊，然後命他重新招募士兵去攻打齊國。

然而，還沒等韓信開始進攻齊國，劉邦的謀士酈食其憑藉三寸不爛之舌勸降齊王。

　　既然齊國已經投降，韓信就沒有必要繼續進攻了。但有個腦迴路十分清奇的辯士叫蒯通，他卻對韓信說：

將軍奉漢王之命攻打齊國，漢王又私下派酈食其勸降齊國，難道漢王下令讓將軍停止進攻了嗎？你為何不進攻呢？再說了，酈食其一個讀書人，靠著一張嘴就收服齊國七十多座城。你率領數萬大軍，打了一年多才拿下趙國五十多座城。你做了這麼多年將軍，難道還不如一個書呆子嗎？

蒯通的話雖然都是歪理，卻說到韓信心坎裡。更何況韓信想做齊王，不拿下齊國，又怎麼做齊王呢？於是，韓信決定繼續進攻齊國。齊國這邊呢，齊王認為已經投降，漢軍便不會打來，於是不再設防，整天陪酈食其喝酒、吃串燒。

當韓信率軍打來時，齊王徹底矇了，他的第一感覺是自己被酈食其騙了。

如果你能讓韓信退軍，我就饒你一命！如若不然，我就把你扔進鍋裡燉了！

做大事的人不拘小節，有大德的人不怕被人責備。你老子就是死，也不會替你遊說韓信！

齊王很生氣，果真把酈食其給燉了。氣是出了，但他心裡像明鏡似的，他哪裡是韓信的對手，連忙向項羽求救。

項羽派大將龍且率領二十萬兵馬前來救援。

這時，有個聰明人向龍且獻了一個妙計。

漢軍遠征，其鋒銳不可當。齊、楚將士在本土作戰，卻容易開溜。不如我們堅守不出，讓齊王派人安撫已經淪陷的城池。齊國人聽說齊王還在，又有楚軍前來救援，一定會反叛漢軍，到時我們就能不戰而擒獲韓信！

我太了解韓信，他就是個膽小鬼！再說了，來救齊國，不打敗韓信，我有什麼功勞可言？如果能打贏，我就能得到一半齊國，憑什麼不打？

於是，龍且與韓信隔著濰水擺開陣勢。他要吊打韓信。

韓信命人連夜趕製上萬個麻袋，全部裝滿沙子，用它們堵住濰水上游的河流。隨後，韓信率軍渡河攻打龍且。兩軍交戰，韓信假裝敗逃。龍且很高興，認為韓信果然膽小，便親自渡河追擊。

膽小鬼，哪裡逃！

就在這時，韓信命人挖開濰水上游的沙袋，下游河水突然暴漲，將龍且與他尚未來得及渡河的大部隊隔開了。

隨後，韓信殺了個回馬槍，斬殺龍且。龍且死後，楚軍紛紛逃散。

很快，韓信便占領齊國。

此時，他決定實現比萬戶侯更遠大的理想：做齊王。

儘管他有資本，但畢竟還是漢王的小弟，所以他派人很含蓄地向漢王提出要求。

齊國人反覆無常，如果不立一位齊王，恐怕鎮不住他們。為了大局著想，希望大王能讓我暫時做個代理齊王！

代理齊王

當時，劉邦被項羽重重包圍。他聽使者說韓信想做代理齊王，氣得直罵娘。

老子被項羽包餃子，日夜等他來救我，他卻一心想著自立為王！

謀士張良、陳平都很機靈，連忙用腳踢了踢劉邦，並悄悄提醒他：

我們現在被困在這裡，無法阻止韓信稱王！你為何不做個順水人情，封他為王，好好待他，讓他鎮守齊國，不然他可能會造反！

劉邦雖然打仗不行，但反應特別快，又當著韓信使者的面大罵道：

大丈夫平定諸侯，要做就做真齊王，怎麼能做代理齊王呢？

為了給韓信吃一顆定心丸，劉邦派張良親自到齊國任命韓信為齊王，同時命韓信攻打項羽。

本來還擔心大王不會讓我做代理齊王，現在心裡的石頭總算落地了！

楚漢爭霸期間，劉邦和項羽打仗幾乎沒贏過。項羽雖然次次把劉邦打成狗，但也始終滅不了劉邦，兩人就一直耗著。然而，當項羽聽說龍且被殺後，不知道什麼叫恐懼的他，終於嘗到恐懼的滋味。

此時此刻，項羽清楚地看到，韓信現在成為他與劉邦爭奪天下的砝碼：韓信向著誰，勝利的天秤就會向誰傾斜！

項羽決定派遊說之士武涉去策反韓信。

對於項王和漢王而言，你幫誰，誰就能贏得最後的勝利！然而，一旦項王敗亡，漢王下一個收拾的就是你！你和項王曾有交情，為何不與楚國聯合，與項王、漢王三分天下呢？

我和項王混的時候，他只讓我做保鑣。項王對我言不聽，計不從，所以我才離開他，投奔漢王！到漢王那裡後，漢王讓我做大將軍，給我幾萬人馬，還給我衣服穿，給我飯吃，對我言聽計從。人家那麼相信我，我怎麼能背叛呢？

　　見武涉無法說服韓信，蒯通便想試上一試。於是，他以算命為由去見韓信。

人的貴賤在於骨骼，悲喜在於面色，成敗在於決斷。看你的面相，最多封侯，且十分危險。但看你的背，卻貴不可言！

韓信十分好奇，問其緣故，蒯通才把話引入正題。

項羽和劉邦交戰多年，雙方搞得精疲力盡，而今他們的命運都掌握在你手中，不如與他們三分天下！你有眾多兵馬，又占據強大的齊國，如果你迫使燕、趙屈從，制止楚、漢紛爭，為百姓保全生命，天下人就會群起響應。然後，你分割大國的地盤，削弱強國的威勢，分封給其他諸侯，天下就會聽命於齊國，天下的君王都會來朝拜齊國！

韓信認為，劉邦對他有知遇之恩，所以不忍背叛。

你認為你和漢王好，就大錯特錯了。當年，常山王張耳與陳餘是刎頸之交，後來卻反目成仇。文種、范蠡曾幫句踐保存越國，稱霸列國，結果文種被殺，范蠡逃跑！以友情來說，你和漢王遠比不上張耳、陳餘。以忠信來說，你和漢王遠比不上文種、范蠡！

你攻占趙國，威震燕國，平定齊國，斬殺龍且，可以說天下沒有比你功勞更大的人了！你功高震主，投靠楚國，楚國不信任，投靠漢國，漢國震驚。天下之大，哪裡容得下你呢？身為人臣，卻讓君主感到威脅，我真替你感到危險！

韓信自認為功勛卓著，劉邦不會對他下黑手，所以鐵了心要當劉邦的小弟。

　　蒯通猜到韓信將來不會有什麼好下場，擔心禍及自身，所以假裝瘋癲，做了巫師。

　　等韓信幫助劉邦奪取天下後，劉邦不但奪去他的大軍，還將他改封為楚王。

不管怎麼說，一心要出人頭地的韓信終於如願以償。他是個知恩圖報的人，所以決定回去報恩。他找到當年給他飯吃的老婆婆並送她千兩黃金，又找到當年不讓他一直蹭飯的南昌亭亭長，給了他一百錢，並將他臭罵一頓：「你是個小人，因為你做好事卻沒有堅持到底！」大家還記得讓韓信受胯下之辱的屠夫嗎？韓信不但沒有報復，還任命他做中尉。

這是位壯士！當年侮辱我時，難道我不能殺了他嗎？然而，殺了他有什麼意義呢！我忍受一時的恥辱才成就了今天的功業！

然而，韓信的楚王當不到兩年，就有人舉報他想謀反。

劉邦問大夥怎麼辦，諸將都建議發兵活埋這小子，而陳平卻說：

> 陛下的軍隊不如楚軍，將領也不如韓信，卻要發兵攻打韓信，這不是逼著他收拾我們嗎？

陳平聽說韓信還不知道有人舉報他謀反，於是出了個陰招給劉邦。

古時候，天子巡視各地，都有會見諸侯的習慣。陛下假裝巡視雲夢澤，然後召集諸侯們到陳縣碰個面。等韓信一到，一個大力士就能擺平他！

　　韓信聽說劉邦召集諸侯到陳縣會面，知道來者不善，但他為了向劉邦獻殷勤，還把朋友給賣了。

有人舉報你謀反！你有權保持沉默，但你所說的每一句話都將成為呈堂證供！

啊呸！我聽說「狡兔死，良狗烹；高鳥盡，良弓藏；敵國破，謀臣亡」，如今天下已定，看來我注定要被殺啊！

　　劉邦雖然綁了韓信，卻沒有找到他謀反的證據。儘管如此，韓信仍被糊里糊塗地貶為淮陰侯。

　　韓信知道劉邦忌憚自己，所以經常請病假，不去上班。

小知識

有一天，劉邦找韓信閒聊。劉邦問韓信：「你感覺我能帶多少兵？」韓信回答：「最多十萬！」劉邦又問：「你能帶多少兵？」韓信毫不謙虛地回答：「多多益善。」劉邦諷刺道：「你那麼擅長帶兵，為何還會被我所擒呢？」韓信笑了笑：「你雖然不擅長帶兵，但擅長駕馭將領，我才會被你擒獲！」

有一次，劉邦外出平叛，又有人舉報韓信謀反。

劉邦的老婆呂后不管韓信是不是被冤枉，便讓蕭何將韓信騙到長樂宮給殺了。

韓信能成名得益於蕭何的舉薦，韓信被殺也是因為被蕭何所騙。所以，大夥都說他是「成也蕭何，敗也蕭何」！

臨死前，韓信說了一句痛徹心扉的話。

真後悔當初沒有採納蒯通的計謀，才被婦人、小人所騙，落得今天這種地步！

劉邦平叛歸來後，聽說韓信被殺，他是何反應呢？既開心，又悲傷。

我開心的是，除一心頭大患；我悲傷的是，痛失一員大將！

劉邦得知蒯通曾慫恿韓信造反，便全國通緝蒯通，蒯通沒多久就被抓獲。

是你慫恿韓信造反的吧？

沒錯！這小子不用我的計謀，不然怎麼會落到你手裡！如果這小子用了我的計謀，陛下又怎麼能輕易滅掉他呢？

劉邦大怒，讓人將蒯通給燉了，豈料蒯通竟然大呼冤枉。

跖犬吠堯，並非堯不好，只是因為他不是狗的主人。當時，我只知道韓信，不知道有陛下！

你教唆韓信謀反，竟然還有臉喊冤？

更何況當時想像陛下一樣爭天下的人太多了，只是他們力不從心罷了，陛下難道能將他們全部都燉了？

劉邦心裡清楚，殺掉蒯通容易，但殺掉一個對主子忠心耿耿的人無異於鼓勵大家叛主，不利於大漢的統治。為了宣揚忠誠，他當即釋放了蒯通。

陸

季布

得黃金百斤，不如得季布一諾

相信大家都聽過「一諾千金」這個成語，但你知道背後故事的男一號是誰嗎？沒錯，正是季布。

　　以前，季布是個大俠客，靠重承諾、講義氣、愛見義勇為而走紅。

後來，他做了項羽大將，曾經多次打得劉邦生無可戀。

我恨不得食其肉，
飲其血，寢其皮！

等滅掉項羽後，劉邦立刻在全國發布通緝令，捉拿季布。

凡是抓到季布者，
賞千金！

膽敢窩藏季布者，
滅三族！

通緝令

當時，季布躲在朋友家。眼看警察就要搜到他家，朋友便心急火燎地對季布說：

警察馬上就要搜到我家，你躲在這裡太危險了。如果你願意聽從我的，我就替你想個法子；如果不願意，我情願先自殺！

別別別，有話好商量！

朋友想的是什麼法子呢？剃掉季布的頭髮，用鐵圈套住他的脖子，替他換上乞丐服，將他打扮成奴隸的樣子，然後裝進貨車，與幾十個奴隸一起賣掉。

被你捯飭成這樣，恐怕連我親爹、親媽都認不出來！

買家名叫朱家，也是個大俠客。他的眼特別尖，一眼便認出季布。

小知識

如果朱家想變成身家千金的富豪，只需要把季布交給警察就行了，然而他沒有這麼做。儘管季布是個燙手山芋，但他沒有因擔心會惹禍上身而退貨。

我們俠客行走江湖，
靠的就是「義氣」二字！

朱家假裝不認識季布，安排季布到田裡工作，但他私下卻交代兒子說：

朱家鬼點子特別多，沒多久，他就想到一個拯救季布的計畫。

　　他和劉邦的專車司機夏侯嬰是酒友，便跑到夏侯嬰家串門子，還一連喝了好幾天酒。

　　其間，他故意談到季布，且明知故問地說：

那小子曾經幫項羽多次讓陛下難堪，所以陛下不抓到他不肯罷休！

季布犯了什麼事，陛下這麼著急抓他？

臣子受主子差遣，季布受項羽差遣，這不過是分內之事罷了！再說了，受項羽差遣的人多如牛毛，難道陛下要一個個都殺了不成？陛下剛奪得天下，僅因個人恩怨就去追捕一個人，這不是告訴天下人他小心眼嗎？

朱家見夏侯嬰無言以對，於是又向他分析利弊。

季布是個將才，如果被陛下逼急了，他逃到匈奴或越地去幫助敵國，這不是遞刀子給敵人嗎？你為何不好好勸勸陛下呢？

夏侯嬰立刻猜出季布躲在朱家家裡，所以答應替季布求情。

等一有機會，夏侯嬰便將朱家的意思轉告給劉邦。劉邦雖然愛記仇，但更擅長聽取意見，不然他不可能打敗項羽。劉邦感覺朱家說得在理，立刻赦免了季布。

不久，劉邦把季布叫到皇宮，本來想挖苦他一番，解解氣，豈料一見面季布就磕頭賠罪。劉邦一高興，還封他做了官。

你的表現讓我
十分滿意！

　　後來，劉邦駕崩，他與呂后所生的兒子漢惠帝即位，但大權掌握在呂后手中。

我在中國歷史上可是拿下三個第一哦！第一位史書上有記載的皇后，第一位史書上有記載的皇太后，第一位臨朝稱制的女主！

有一年，匈奴單于冒頓感到空虛、寂寞、冷，便寫信調戲呂后。

你死了老公，我死了老婆，我們成了兩顆孤獨的小星球，不如搭夥過日子吧，說不定能撞出火花！

顏值低，不要強行撩妹！

呂后是個心狠手辣的女人，得罪過她的人，大多不得好死。遭冒頓調戲後，她立刻叫來文武百官商議如何教訓冒頓。

對於冒頓這種猥瑣老男人，就該強制實施化學閹割！

呂后的妹夫，就是在鴻門宴中為了救劉邦啃過生豬肘子的
樊噲說：

給我十萬兵馬，
我要橫掃匈奴！

季布見樊噲打腫臉充胖子，立刻站出來，將樊噲揶揄一番。

應該將樊噲拖出去砍了！當年，先帝
率領四十萬大軍尚且被匈奴圍困了七
天七夜，如今樊噲又豈能用十萬兵馬
橫掃匈奴呢？他這是當面撒謊！

秦朝為何會滅亡？還不是因為對匈奴用兵，才導致陳勝、吳廣等人起義！如今，樊噲當面阿諛奉承，這是想讓天下動盪不安啊！

　　聽完季布的一番話，呂后立刻打消對匈奴用兵的念頭，並放低姿態回了一封信給冒頓。

我老了，頭髮白了，牙齒也掉了，如果要配你，豈不是太委屈你了？

再說了，大漢也沒有得罪你，還希望你多多見諒！

　　冒頓見呂后態度不錯，就沒有繼續找碴。

我是個莽夫，不懂中原禮儀，多有冒犯，希望太后別和我一般見識！

季布有一個老鄉叫曹丘生，能言善辯。他要是參加辯論比賽，肯定能辯得對手啞口無言。

不過，他的口碑和口才卻成反比，曾多次依仗權勢到處賺黑錢。

憑本事賺錢有錯嗎？

季布聽說曹丘生和自己的朋友竇長君走得很近，立刻寫信讓竇長君和他絕交。

曹丘生不是個好東西，以後別和他玩了！

等曹丘生回鄉時，便請竇長君替他寫一封介紹信，好讓他去見季布。

季布不喜歡你，你還是不要去自取其辱了！

你只管寫就是了！

竇長君很無奈，只好替他寫了一封介紹信。
曹丘生高高興興地拿著介紹信便去見季布。

你八成要吃閉門羹！

季布聽說曹丘生要見他，氣壞了。不過，他沒有讓他吃閉門羹，而是敞開大門見他，要當面給他難堪。

這是他自己往槍口上撞，就別怪我羞辱他！

曹丘生見到季布，先給他作了個揖，嬉皮笑臉地說：

楚人有句諺語，叫「得黃金百斤，不如得季布一諾」。知道你為何在梁地、楚地這麼紅嗎？是我替你宣傳的結果！也就是說，是我捧紅你的！

小知識

不是說「一諾千金」嗎？諺語為何卻說「得黃金百斤，不如得季布一諾」呢？「千金」怎麼變成「百金」呢？按理說，該是「一諾百金」，可能後人感覺信守承諾很可貴，所以就說成「一諾千金」。

季布一聽，原來自己討厭的人竟然是恩人，立刻笑著將曹丘生請進門，並留他在家住了好幾個月。

如果沒有先生，我季布哪會有今天啊！

柒

李廣

西漢時期，如果比倒楣，恐怕沒有誰能比得過「飛將軍」李廣。

人若倒楣，穿道袍都能遇見鬼！

小知識

李廣的先祖李信是秦始皇時期的武將，深受秦始皇器重。秦始皇尚未稱帝前，曾遭到刺客荊軻刺殺，而指使荊軻刺殺他的幕後元凶是燕國太子丹。正是李信逼得燕王殺掉太子丹，替秦始皇出一口惡氣。此外，秦始皇兼併六國期間，李信在滅掉趙國、燕國、齊國中也沒少立功。

原來是名人之後，
失敬、失敬！

李廣曾陪漢文帝外出狩獵，並格殺猛獸。漢文帝誇他說：

可惜你沒有遇到好時機！如果
你穿越到高祖的時代，輕輕鬆
鬆就能封個萬戶侯！

到了漢景帝時期，李廣被任命為上谷太守。

當時，匈奴人像土匪似的，動不動就去上谷打砸搶劫。

李廣見一次打一次，而且次次都是玩命地打。

有個惜才的官員一把眼淚、一把鼻涕地對漢景帝說：

李廣的本領天下無雙，但他仗著本領大，多次與匈奴正面廝殺。我好擔心有一天大漢會失去這員虎將啊！

漢景帝是個惜才的好領導，便為李廣換了個事少、錢多、離家近的工作。

沒過多久，漢景帝派寵信的宦官到李廣那裡旁聽，學習如何攻打匈奴。

有一次，宦官沒去上課，帶著幾十名騎兵到處瞎晃，突然遇到三個匈奴人。

老師經常在課堂上告誡我們，學到的知識要活學活用！今天，正好拿你們三人練練手！

宦官不出手則已，一出手，發現在課堂上學到的知識全都還給了老師。

小知識

當時，不但宦官被射傷，就連幾十名騎兵也險些被殺光，而那三個匈奴人卻安然無恙。等宦官狼狽地逃到李廣那裡時，才從李廣嘴裡得知，那三個匈奴人不是一般人。

隨後，李廣親自率領一百名騎兵追擊三名射鵰手。

當時，三名射鵰手把戰馬搞丟了，只能步行，所以李廣很快追上他們。

李廣打小就擅長騎馬射箭，三下五除二，便射殺了兩名射鵰手，活捉一人。

現在知道什麼叫「強中自有強中手」了吧？

正當李廣打算返回時，突然遇到數千名匈奴騎兵。

匈奴騎兵誤以為他們是誘敵之兵，不敢貿然進攻，只是跑到山上擺好陣勢，準備隨時應戰。

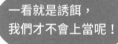

一看就是誘餌，我們才不會上當呢！

好眼力！

如果匈奴騎兵殺來，李廣和他的騎兵必死無疑。

大夥都非常驚恐，想跑，卻被李廣制止了。

我們離軍營有幾十里地，一旦逃跑，他們就會追殺過來。到那時，恐怕我們都會完蛋。如果我們不跑，他們反倒會以為我們是來誘敵，一定不敢攻擊我們！

李廣不但沒讓大家跑，反而命令大家前進。

等到離匈奴騎兵只有兩里地時，李廣才下令停止前進。隨後，他又下了一個很要命的命令：全體人員必須下馬，而且還要解下馬鞍。

敵人那麼多，又離我們這麼近，一旦出現危險，我們都來不及上馬逃跑呢！

敵人原以為我們會逃，但我們沒有，反而解下馬鞍告訴他們我們不會逃，這樣就能讓他們更加堅信我們是誘敵之兵！

匈奴騎兵不知道李廣葫蘆裡賣的是什麼藥，果然不敢進攻。

不久，有個匈奴將領出陣監護士兵，李廣帶人衝上去射死他，大搖大擺地回到原地。隨後，李廣又讓士兵放開戰馬，找個空地隨便躺臥，搞得像去野外夏令營似的。

雙方一直僵持到半夜，匈奴騎兵擔心漢軍會趁天黑偷襲，所以悄悄撤走了，李廣和手下就這樣安然無恙地回到軍營。

有些對手往往讓人尊敬，而李廣就屬於那種讓人尊敬的對手。匈奴單于曾對手下下令說：

　　有一年，李廣還真讓匈奴人給活捉了。

當時，李廣身患重病，匈奴人對他放鬆警惕。其間，李廣裝死，趁匈奴人不注意，將一個匈奴少年從馬上推下，奪了他的戰馬和弓箭，一路狂逃。匈奴人派了幾百名騎兵去追，還是沒追上。

雖然李廣活著回來了，但等待他的卻是死刑！

按照大漢律令，損兵折將，又被活捉，應當斬首！

在漢朝，被判處死刑有兩種辦法不用死：一、花錢贖命。法律明文規定，只要能拿得出五十萬錢，就饒你一命。二、以宮刑替代死刑。如果你既沒錢，又不想死，只能選擇切掉命根子。史學家司馬遷之所以遭受宮刑，和李廣的孫子李陵有關。李陵曾率領五千漢軍與八萬匈奴兵作戰，殺傷上萬名匈奴兵後，由於寡不敵眾，被迫投降。司馬遷認為李陵並非真心投降，因此替他在漢武帝面前說了幾句好話，結果被判處死刑。當時，司馬遷尚未寫完《史記》，只好忍辱偷生，接受宮刑。這才給後人留下被魯迅先生稱為「史家之絕唱，無韻之《離騷》」的《史記》。

當時，李廣家裡有些存款，便花錢買回一條命，變成一個老百姓。

不過，他很快就被重新起用。這還要感謝匈奴人。

當時，漢朝大老闆是漢景帝的兒子漢武帝。當匈奴再次大舉進攻漢朝時，漢武帝任命李廣為右北平太守，抵抗匈奴。匈奴人都怕李廣，還送他一個綽號，叫「飛將軍」。他們一聽說飛將軍來了，一連多年都不敢到右北平鬧事。

歡迎組團來送人頭！

不敢，不敢！

自從漢朝攻打匈奴以來，李廣幾乎沒有沒參加的戰事。他一生打了大大小小七十多仗，立過無數戰功，然而遺憾的是，他始終未能封侯。

我和堂弟李蔡同時出道，無論是才能，還是名氣，他都不如我，但他卻早已封侯，並位列三公。而我呢，不但沒能封侯，而且官位最高不過九卿！

　　封侯一直是李廣的夢想，也是他心中的一個結。他曾鬱悶地問星象家王朔：

靠攻打匈奴被封侯的有幾十個人，而我李廣不比他們差，卻沒能封侯，這是為什麼呢？難道我的骨相不該封侯嗎？還是命中注定不該封侯呢？

將軍回想一下，有沒有做過什麼虧心事？

我曾做過隴西太守，羌人叛變，我誘騙他們投降，然後用欺詐的手段把他們全殺了。直到今天，我依然後悔不已！

最大的禍患莫過於殺降，這就是將軍不能封侯的原因啊！

　　李廣從來不放過任何一個攻打匈奴的機會。

　　當他聽說漢武帝派大將軍衛青、驃騎將軍霍去病率軍攻打匈奴時，連忙向漢武帝請求隨軍出征。

　　當時，他已經六十多歲，漢武帝認為他年紀大了，所以沒答應。

都一把年紀了，好好待在養老院頤養天年多好，別瞎折騰了！

漢武帝不答應，李廣便和他軟磨硬泡。最後，漢武帝沒招了，只好點頭答應，並且讓他做了前將軍。

李將軍，這恐怕是你最後一次和匈奴作戰了，祝你能獲得軍功，圓了封侯夢！

攻打匈奴期間，衛青抓獲一名敵軍，並從他口中撬出了匈奴單于的老巢。

俗話說，狡兔三窟。匈奴單于比兔子還狡猾，李廣和匈奴打了幾十年，一次都沒碰到他。這次，李廣好不容易碰到一個和匈奴單于正面廝殺的機會，衛青卻派他從東路進攻。東路路途遙遠，曲折難走。從東路進攻，意味著無法與匈奴單于正面廝殺，搞得李廣非常鬱悶。

我被任命為前將軍，大將軍怎麼能讓我從東路進攻呢？我從年少時便與匈奴作戰，至今才得到一次與單于作戰的機會，我願做前鋒，與單于決一死戰！

面對李廣的苦苦哀求，衛青卻不為所動。衛青為何不為所動呢？有兩個原因。

　　第一個原因是漢武帝曾在私下警告過衛青。

李將軍年紀大了，命數不好，不要讓他與單于作戰，不然，我軍恐怕會白忙一場！

　　第二個原因是衛青有私心。

　　跟隨衛青出征的，還有一個叫公孫敖的將軍。很多年前，衛青的姊姊衛子夫因為受到漢武帝寵幸，惹怒了皇后陳阿嬌的老媽館陶長公主。有一次，館陶長公主要殺衛青出氣，是公孫敖不顧生死帶人救下衛青。所以說，衛青和公孫敖是過命交情。前不久，公孫敖因為犯錯丟掉侯爵，衛青想給他個立功封侯的機會，所以指定讓公孫敖跟隨自己出征，並故意將李廣調開。

我這輩子最討厭走後門了！

那是因為你沒有後門走！

走後門

衛青心裡是怎麼想的，李廣一清二楚。

儘管李廣再三懇求衛青收回調令，但衛青始終沒答應。

李廣氣得吹鬍子瞪眼，連一聲招呼也不打，按照調令去了東路。

長官叫我做什麼就做，誰叫我不是長官呢！

說起來，李廣的運氣不是一、兩次差，而是每次都差。

雖然從東路進攻算不上正面廝殺，但好歹也是一次收拾
匈奴單于的機會。如果李廣能立功，說不定還有封侯的
機會，但偏偏又讓他錯過了。

李廣為何會錯過
這次機會呢？

說來挺逗趣，
因為他迷路了！

等李廣遇到衛青時，發現衛青早和匈奴單于打完了，而且還讓單于跑了。

我還沒開打，人家就打完了！
你們說，還有比我更背的嗎？

回到軍營後，衛青派長史送一些乾糧和酒給李廣，順便向他詢問一下迷路的原因，因為衛青要向漢武帝寫報告。

當時，李廣正在生悶氣，就沒有搭理長史。

衛青只好派長史叫李廣的同事前去接受審問。李廣卻說：

和我的同事沒關係，是我自己迷路，我一會兒親自到大將軍幕府接受審問！

到了大將軍幕府，李廣對同事們說了一番感人肺腑的話。

我一生和匈奴打了七十多仗，如今有幸跟隨大將軍同單于作戰，可是大將軍卻命我從東路進攻，而我偏偏又迷了路。這難道不是天意嗎？我已經六十多歲了，哪裡還受得了刀筆吏的羞辱！

說罷，李廣拿起劍，自殺了。一代名將就此隕落。不管是認識的還是不認識的，老的還是少的，聽說李廣自殺，無不落淚。

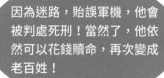

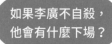

因為迷路，貽誤軍機，他會被判處死刑！當然了，他依然可以花錢贖命，再次變成老百姓！

如果李廣不自殺，他會有什麼下場？

捌

李靖

剽悍的人生不需要解釋

隋末唐初，有一位將軍，唐高祖李淵認為白起、韓信、衛青、霍去病都比不上他，唐太宗李世民認為他比漢朝的李陵更應該名垂青史。

誰這麼優秀，竟能得到如此高的評價？

當然是李靖了！

年少時，李靖便是文武雙全的好寶寶。別看當時他人不大，但志向卻不小。他經常對親朋好友說：

大丈夫如果遇到明君，
應當建功立業，謀求富貴！

李靖有個明星舅舅叫韓擒虎，是隋朝名將，曾滅掉南陳，俘虜陳後主陳叔寶。

韓擒虎除了愛打仗，就愛和李靖談論兵法。他曾對李靖說：

能和我談論孫武、吳起的兵法的，也只有你小子了！

長大後，李靖做了官。無論是首席宰相，還是吏部尚書，都挺看好他。首席宰相還曾撫摸著自己的座位對李靖說：

你遲早會坐到我這個位置！

宰相專用

後來，大暴君隋煬帝自己找死，惹怒老百姓，導致全國各地的老百姓紛紛起義。

隋煬帝為何會惹怒老百姓呢？因為他整天不是打仗，就是徵調老百姓修運河、蓋別墅，搞得民不聊生。老百姓被折騰得快活不下去了，才被迫起義。當時，鬧得最凶的有河南的瓦崗軍、河北的竇建德軍、江淮的輔公祏軍等。

李淵是隋煬帝的表哥。當時，做為太原留守的他，要人有人，要槍有槍。當他看到大夥搶他表弟的江山時，是什麼反應呢？

> 憤怒？要幫表弟平叛？

> 不不不，他像其他人一樣，也想搶表弟的江山！

　　造反前，儘管李淵處處小心，生怕暴露，但還是被火眼金睛的李靖一眼看穿。

> 若要人不知，除非己莫為！

李靖做了一個大膽決定：到江都，向正在那裡逍遙快活的
隋煬帝告密。

小知識

告密是個技術，一旦被發現，會死得很慘。如何才能避
免李淵起疑呢？李靖的創意十足，他戴上刑具，把自己
打扮成犯人的樣子，趁李淵不備，直奔江都。等李淵發
現時，李靖早跑得無影無蹤了。

跑了和尚，跑不了廟！

李靖自以為能暢通無阻地到達江都，然而人算不如天算，當他到達長安時，卻發現通往江都的道路被起義軍堵住了。

　　就在李靖停留長安期間，出事了，因為長安很快被李淵占領了。

　　李淵占領長安後，立刻逮捕李靖，並且要砍了他。

　　要被砍頭的一剎那，李靖突然模仿韓信當年要被砍頭時的操作，大喊道：

唐公舉兵起事，為天下剷除暴政，難道不想成就一番大業嗎？為何要因為個人私怨而斬殺壯士呢？

李淵見李靖豪氣沖天，再加上兒子李世民替他求情，就饒了他。

我看你小子是個人才，暫且饒你一命！

不過，沒幾年，李淵又差點殺了李靖。

當時，隋煬帝已經被手下殺了，而李淵也稱帝建立唐朝。與此同時，各地還有很多割據政權。為了一統天下，李淵派李靖去安撫南梁皇帝蕭銑，然而到達硤州時，卻受到蕭銑阻攔，無法繼續前進。李淵以為李靖故意停滯不前，一時被氣糊塗，便密令硤州都督殺了李靖。

如果硤州都督是個只知道奉命行事的庸人，聽從皇帝命令，一刀宰了李靖，歷史上將會少一員名將。

好在硤州都督並非庸人，當他收到皇帝密令後，並未對李靖下黑手，而是選擇向皇帝求情，才保住李靖一命。

救人一命，勝造七級浮屠！

等李靖到達李淵堂侄李孝恭駐守的夔州時，發現李孝恭整天被敵軍打得找不著北。

為了幫李孝恭找回面子，李靖率領八百士兵偷襲敵軍，不但殺死敵軍首領，還俘虜五千多人。

李淵看完前線寄來的捷報後，很驕傲地對群臣說：

我聽說，使用有功勞的人不如使用有過錯的人。你們看吧，李靖果然立了大功！

隨後，李淵將李靖表揚一番。

你為大唐盡心盡力，業績十分顯著！時間久了，我才發現你的無限忠誠。放心吧，我會好好獎勵你，你大可不必擔心沒有榮華富貴！至於以前的事，我早就忘了！

接下來的重點是如何消滅不接受安撫的蕭銑。

李靖一口氣向李淵獻上十條計策，李淵照單全收，然後命李孝恭、李靖二人率軍攻打蕭銑。

當時，江水暴漲，三峽的路不太好走。蕭銑認為，李靖斷然不會選在此時發動進攻，因此不加防守。

對你不設防！

等李靖率軍將要到達三峽時，手下建議等江水退去後再進軍，而李靖卻說：

兵貴神速。如今，我們剛集結完軍隊，蕭銑還不知道。如果我們趁江水暴漲之際，順流東下，突然殺到他面前，就能打他一個措手不及，一戰就能將其擒獲！

唐軍繼續趕路，沒想到半路殺出文士弘。李孝恭想帶人滅了他，但李靖卻不贊同。

文士弘是蕭銑的悍將，他的士兵個個驍勇善戰。前不久，他剛丟掉一塊地盤，一定會把精銳士兵全部派出來迎戰。這樣的軍隊必定銳不可當！我們最好停船靠岸，等他們士氣衰弱之後，再出擊！

李孝恭不聽勸，讓李靖留守軍營，自己帶領一撥人殺了過去，結果被打成狗。

李孝恭敗退時，在陸地上丟棄大批財物。敵軍紛紛棄船，上岸搶奪。

李靖發現敵軍亂成一團，立刻帶人殺了過去，不但繳獲四百多艘戰船，還斬殺了上萬敵軍。

打敗文士弘後，李靖繼續前進，並包圍蕭銑。

蕭銑知道不是李靖的對手，就乖乖投降了。

這時，諸將都對李孝恭說：

為蕭銑戰死的人是為主人而死，不能與叛亂者同等看待。這就是為何漢高祖不殺蒯通的原因！

蕭銑的部將和與我軍交戰而死的人都罪孽深重，應當沒收他們的家產來犒賞我們的將士！

更何況人家投降了，我們卻沒收人家的家產，不厚道。如果讓其他敵將知道了，他們一定不會投降！

後來，駐守丹陽的輔公祏造反，李淵任命李孝恭為元帥，李靖為副元帥，一同收拾輔公祏。

輔公祏聽說李淵派人來收拾他，一方面派馮惠亮率領三萬人駐守當塗，另一方面派陳正通等人率領二萬人駐守青林山，並在梁山用鐵鎖鏈切斷江上的道路，修建卻月城，綿延十餘里，與馮惠亮互成犄角之勢。

一定要給我攔住唐軍！

放心吧，連一隻蒼蠅也別想飛過去！

諸將向李孝恭建議，直接攻打輔公祏的老巢丹陽。

馮惠亮、陳正通雖然手握重兵，但只想防守，不想進攻，況且我們一時半刻也打不下來。不如直接進攻丹陽。一旦拿下丹陽，馮惠亮等人就會不戰而降！

這看似是一個妙計，實際上卻存在很大隱患，所以李靖非常反對。

輔公祏統率的士兵驍勇善戰，馮惠亮等人尚且難以打敗，輔公祏難道就容易被打敗嗎？如果我們不能在短時間內打敗輔公祏，就會腹背受敵！

馮惠亮、陳正通都身經百戰，不怕野戰。輔公祏想拖延時間，使我軍疲憊，才下令不讓他們出戰。如果我們現在發起進攻，一定能打他們一個措手不及！

那怎麼辦呢？

隨後，李靖率領大軍攻打馮惠亮。馮惠亮不敵，大敗而逃，李靖率軍直達丹陽。

輔公祏嚇壞了，立刻棄城而逃。但沒過多久，他與馮惠亮、陳正通一起被抓獲。

李淵得到消息後，誇李靖說：

李靖是蕭銑、輔公祏的剋星，又豈是白起、韓信、衛青、霍去病比得上的！

等李世民做皇帝後，李靖的工作重心轉移到打突厥上。

有一年，李靖帶了三千騎兵，將頡利可汗打得像狗一樣到處逃竄，並且還俘虜了躲在突厥的隋煬帝老婆蕭皇后和齊王的兒子楊正道。

漢朝時，李陵率領五千士兵攻打匈奴，最後落得投降匈奴的下場，尚且青史留名。李靖以三千騎兵，深入敵境，攻克突厥的老巢定襄，威震北狄，這是古今沒有的，難道不該青史留名嗎？

這足以報了當年和突厥簽訂渭水之盟的恥辱！

渭水之盟是怎麼回事呢？這事怪頡利可汗做得不厚道。李世民曾和頡利可汗約定，我時不時給你一筆鉅款，別動不動來我的地盤鬧事。然而，等李世民發動玄武門之變奪得皇位後，頡利可汗想趁機鬧事，率領十餘萬大軍，一路殺到長安郊外。當時長安兵力空虛，人心震動。李世民故作疑兵，嚇得頡利可汗不敢動武。隨後，李世民和頡利可汗在渭水簽盟約，才將頡利可汗打發走。

　　自從老巢被攻破後，頡利可汗整天過得提心吊膽，生怕哪天項上人頭被唐軍砍去。

　　思前想後，他決定投降。不過，此時他還有一些猶豫不決。

我堂堂一代可汗，難道只能給別人做小弟嗎？好不甘心啊！

就在這時，李世民耍了一個心眼：一邊派使者去安撫頡利可汗，一邊又派李靖去迎接頡利可汗。

李靖能猜出李世民的用意嗎？當然能！

然而，不是誰都能猜出李世民的用意！李靖有個蠢鈍如豬的同事，愣是沒猜出來。

陛下已經答應讓頡利可汗投降，你再攻打他，不合適吧？更何況朝廷的使者還在那裡，你一進攻，他們就會人頭落地！

這正是用兵的大好時機，機不可失，時不再來。這就是韓信當年能夠滅掉齊國的原因。再說了，死幾個使者有什麼好可惜的！

隨後，李靖率軍偷襲突厥。

頡利可汗見到唐朝使者，只顧著高興，壓根沒想到唐軍會來這麼一手。

等到李靖帶人打到距離他的牙帳十五里時，他傻眼了。

你這麼做，就不怕別人朝你扔番茄、雞蛋嗎？

不怕，我正好可以拿去做番茄炒蛋！

頡利可汗見唐軍殺來，拔腿就跑。

李靖不費吹灰之力，斬殺上萬人，並俘虜十餘萬人，還殺死了頡利可汗的老婆。頡利可汗沒跑多遠，也被抓獲，並被扭送到長安。

李世民聽說李靖打了大勝仗，高興地對大臣們說：

從前，大唐草創之時，太上皇為了百姓，不得不向突厥稱臣。我為此常痛心疾首，立志要滅了突厥，以至於坐不安席，食不甘味！如今，用了一支軍隊就使得突厥可汗歸順，終於可以洗刷當年稱臣的恥辱了！

李靖建立了這麼大的功勞，按理說，應該得到重賞吧？沒想到回京後，他卻挨了一頓罵。

陛下為何要訓斥你呢？

還不是因為有小人妒忌我功勞大，在背後說我縱兵擄掠突厥人的奇珍異寶！

不過，過了一段時間，李世民覺得自己做得有些過了，於是安慰李靖說：

隋朝的史萬歲雖然打敗了達頭可汗，卻沒有得到獎賞，還獲罪被殺。我則不然，應當赦免你治軍無方的過錯，記錄你擊敗突厥的功勞！

今後，你就是左光祿大夫了，賜你一千匹絹，把你的封地增加到五百戶！

不久，吐谷渾入侵邊境，李世民首先想到的就是李靖。

當時，李靖已經六十多歲。聽說皇帝有意讓他領兵出征，於是說：

李世民龍顏大悅，立刻派李靖征討吐谷渾。

吐谷渾人聽說李靖來了，不敢應戰，便燒掉野草，躲了起來。

沒有草料，唐軍的戰馬枯瘦如柴。諸將認為不宜進攻，唯獨李靖堅持認為應當進攻。

在李靖的帶領下，唐軍與敵軍大戰幾十回合，並大敗敵軍。

敵軍將領也是沒什麼原則，一看形勢不好，立刻殺掉可汗，歸順唐朝。

就在李靖凱旋時，沒想到竟然有人舉報他謀反。

是誰舉報李靖謀反呢？一個叫高甑生的將軍。李靖曾因為他辦事不力，小小地責備過他，他因此對李靖懷恨在心，才會誣陷李靖。皇帝最忌諱的事莫過於謀反，而功臣往往最容易遭到猜忌。如果遇到昏君，李靖恐怕會被抄家滅族。好在李世民是一代明君，並未聽信讒言冤殺良將，反而將誣陷者流放邊疆。

　　儘管李靖沒有遭受責罰，但為了避免引起皇帝猜忌，從此閉門不出。

後來，李世民將李靖與程咬金、秦瓊、尉遲恭、魏徵等二十四位功臣的畫像一同掛在了凌煙閣。

今後，你就是「凌煙閣二十四功臣」的一員啦！

高句麗一直威脅著唐朝的邊境，是李世民的一塊心病。

有一天，李世民將李靖召進宮，並對他說：

你南平吳會，北掃突厥，西定吐谷渾，只有東邊的高句麗沒有征服，你有何想法？

我過去憑藉陛下威名，做了小小貢獻，雖然現在已經到了風燭殘年，如果陛下不嫌棄，我還是很樂意再為陛下做點貢獻！

當時，李靖已經七十多歲，李世民不忍再讓他四處征戰，就沒有准許。

不久，李靖病死在家中。李世民下旨讓他陪葬昭陵。

昭陵是陛下和長孫皇后合葬的皇陵，能陪葬昭陵是臣子的榮幸，我真的很榮幸！

薛仁貴

箭不虛發，三箭定天山

唐代有一個箭術超群的將軍，不但能一箭射穿五層鎧甲，還曾憑藉三箭平定天山，他就是摘下頭盔能嚇退千軍萬馬的薛仁貴。

　　成名前，薛仁貴靠種地為生，整天窮得勒緊褲腰帶過日子。

有一年，他打算把祖墳遷往別處，老婆的一番話卻改變了
他的一生。

> 一個人光有才華還不行，還得遇上好機遇
> 才能大展宏圖。如今陛下御駕親征遼東的
> 高句麗，正在招募猛將，這正是難得的機
> 遇。你為何不去試試呢？等你發達了，再
> 替祖宗們找一塊風水寶地，豈不是更好？

在老婆的勸說下，薛仁貴便去參軍，成了一名阿兵哥。
入伍沒多久，薛仁貴就做了一件露臉的事。

很快，薛仁貴便等來一個成為 A 咖明星的機會。

征討高句麗期間，李世民親自擔任指揮官，指揮士兵作戰。薛仁貴想立奇功，且想顯得與眾不同，怎麼辦呢？他想到一招：在衣服上下功夫。他故意穿一身白袍，手持長戟，腰挎雙弓，怒吼著衝向敵軍，結果打得敵軍落花流水。

你成功地吸引了
我的注意！

在一旁觀戰的李世民被穿白袍的士兵驚呆了，他問身邊人：

那個穿白袍的人
是誰？

薛仁貴！

事後，李世民召見薛仁貴，還封他做將軍，薛仁貴從此成為 A 咖明星。大軍凱旋後，李世民對薛仁貴說：

以前的將軍都老了，我打算選拔一批新人統領大軍，我看沒有人比你更適合了。我不為得到遼東高興，只為得到你這員猛將而高興！

李世民去世後，兒子李治接班，史稱「唐高宗」。

你們可能沒聽過我，但肯定聽過我老婆，大家都叫她「武則天」！

李治

有一年，唐高宗居住在萬年宮。不料半夜洪水爆發，把值班士兵全嚇跑了。

眼看大水就要淹沒萬年宮，薛仁貴氣憤地責備士兵們說：

> 如今天子遇到危險，
> 你們怎麼能貪生怕死呢？

雖然士兵不再逃跑，但他們卻被洪水阻隔在外面，無法進宮告訴皇帝。

怎麼辦呢？薛仁貴只好登上宮門，朝宮內扯著嗓子大喊大叫。

唐高宗聽到喊叫，馬上離開萬年宮，不一會兒，洪水便淹沒了他的臥室。

要不是你，我恐怕會葬身魚腹！我現在才知道，我們國家還是有忠臣的！

　　唐高宗和他老爸一樣，都非常器重薛仁貴。

　　有一年，唐高宗讓薛仁貴做了遼東的二把手。與高句麗士兵作戰期間，薛仁貴遇到一個強勁對手。

有個神箭手，竟然一連射殺我們十多名士兵！

薛仁貴藝高人膽大，拿起箭，衝了上去，一箭將神箭手的弓給射掉了，第二箭便將他射下馬並活捉起來。

技不如人，我認栽！

不久，唐高宗替薛仁貴換了份工作。薛仁貴離京上任前，唐高宗請他吃了頓大餐。席間，唐高宗出了個看似不可能搞定的難題給他。

古代有一箭能射穿七層鎧甲的弓箭手，你試試能不能射穿五層！

薛仁貴笑了笑，拿起弓箭，「嗖」的一聲便射穿五層鎧甲，把唐高宗驚得目瞪口呆。

你真棒！

真正讓薛仁貴走上人生巔峰的是他用三箭平定天山。

據守天山的鐵勒民族有九個部落，被稱為「九姓鐵勒」。有一年，九姓鐵勒的將領們帶著十餘萬人到唐朝砸場，並派幾十名精銳騎兵前去挑戰。薛仁貴拿起箭，三箭射死三人，其餘人都嚇到閃尿，紛紛投降。薛仁貴擔心他們反叛，把他們全活埋了。緊接著，薛仁貴攻打剩餘敵軍，並擒獲他們的首領。很快，軍中便傳出一首歌謠，說：「將軍三箭定天山，壯士長歌入漢關！」

將軍一定會成為今年的
「年度風雲人物」！

年度風雲人物

薛仁貴的前半生非常幸運，一路高升。然而，他的後半生卻接連栽跟頭。

他栽的第一個大跟頭是與吐蕃之間的戰爭。

小知識

當時，吐蕃到唐朝的屬國吐谷渾砸場，唐高宗派薛仁貴前去救場。薛仁貴本來打了個開門紅，可惜碰上一個叫郭待封的豬隊友，以至於前功盡棄。郭待封曾和薛仁貴相同階級，這次出征卻做了薛仁貴的小弟，他為此感到憤憤不平。等薛仁貴打敗吐蕃時，郭待封卻不聽指揮，結果被吐蕃奪去軍需物資，導致薛仁貴不得不後撤。後來，吐蕃不斷增兵，最終擊敗了唐軍。薛仁貴只好和吐蕃講和，才得以脫身，而吐谷渾也被吐蕃吞併。不過，薛仁貴不認為是豬隊友導致唐軍戰敗，而是因為天意。

今年是庚午年，降妻星當值，
不應該到西方打仗，三國時期
魏國名將鄧艾也是因為這個死
在蜀國，我本來就知道必然會
失敗！

戰敗本來是死罪，唐高宗念他戰功赫赫，便下詔赦免他。
不過，他卻被削職為民。

大半輩子拋頭顱、灑熱血
換來的榮華富貴竟然瞬間
被清空了！

丟官還不算最慘，最悲摧的是，他好不容易被重新起用，結果因為犯錯，被流放到偏僻的象州。

好在他積攢了點好運氣，遇到朝廷大赦，才得以回家。

> 只要能回家，
> 我就阿彌陀佛了！

有一年，唐高宗突然想到薛仁貴，便把他召進宮，並對他說：

> 當年在萬年宮，要不是你，我就變成魚了。當初，消滅九姓鐵勒，大敗高句麗，你功勞最多。有人說，你是因為放掉吐蕃不打才導致失敗，這是我既遺憾又疑惑的事啊！

如今，突厥人又在遼西鬧事，致使瓜州、沙州交通斷絕，你怎麼能高枕無憂，不替我收拾他們呢？

於是，唐高宗再次起用薛仁貴，攻打突厥。

突厥人見到唐軍，很不屑地問：

你們的將軍是誰啊？

薛仁貴，薛大將軍！

你當我是三歲小孩呢？我早聽說他已經死在象州，難不成他能死而復生？

薛仁貴被突厥人氣樂了，他摘下頭盔，讓突厥人看個清楚。

突厥人一看還真是薛仁貴，紛紛下馬跪拜，然後四處逃散。

薛仁貴乘勢追擊，大敗突厥，斬殺上萬人，俘虜三萬人，奪取的牛馬更是不計其數。

將軍寶刀未老啊！

一年後，薛仁貴去世了，享年七十歲，不久被安葬在山西老家。

拾

戚繼光

殺倭寇，我是專業的

在明代，最讓皇帝頭疼的外患莫過於倭寇，然而最讓倭寇頭疼的莫過於抗倭名將戚繼光。

所謂「倭寇」，其實就是來自日本的海盜。在古代，日本被中國人稱為「倭國」，來自日本的海盜就被中國人稱為「倭寇」。倭寇為何要跑到中國鬧事呢？因為當時日本國內混戰，做為武士的他們，在國內混不下去，才流浪到海上做了海盜。

戚繼光打小就痛恨倭寇，入伍不久，他就寫過一首詩，其中有一句是這麼說的：「封侯非我意，但願海波平。」

封不封侯，我不在乎，我只希望沿海地區不要再有倭寇了！

你是不是以為像戚繼光這麼優秀的人，一出道就能把倭寇打得落花流水？事實上，恰恰相反。

小知識

有一年，倭寇來鬧事，由於路不太好走，所以戚繼光沒能及時救援，好在朝廷沒有怪罪。後來，戚繼光又奉命圍攻和倭寇有勾結的海盜頭目汪直的餘黨，結果打了很久都沒能拿下。這下朝廷生氣了，直接罷免戚繼光的官，讓他戴罪立功。

戚繼光圍攻倭寇，沒想到竟然讓倭寇跑走了。更倒楣的是，這邊的倭寇還沒搞定，其他地方的倭寇又蹦躂起來。

有一幫靠打嘴炮吃飯的言官，見戚繼光工作沒做好，紛紛彈劾他，甚至誣陷他私通倭寇。

正當朝廷準備問罪時，戚繼光救了自己。

不久，朝廷派戚繼光管理浙江的臺州、金華、嚴州三地。然而，一到浙江，見到那裡的士兵，戚繼光便眉頭緊皺。

讓你們去打仗，你們左手一個慢動作，右手一個慢動作，這不是去送人頭嗎？

不過，戚繼光一到金華、義烏，見到那裡的老百姓，立刻眉開眼笑。

金華、義烏的民眾非常剽悍，很適合當兵！

於是，戚繼光在金華、義烏兩地招募一支三千人的部隊，而這支部隊就是後來名聞天下的戚家軍。

戚家軍為何能打趴倭寇呢？因為戚繼光不但教他們排兵布陣，還教他們如何使用長短兵器，並為他們配備狼筅、虎蹲炮等制倭利器。

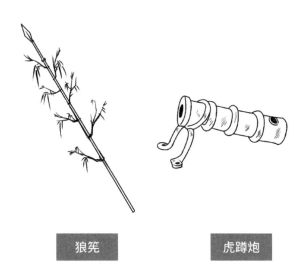

狼筅　　　　　　　虎蹲炮

狼筅是用毛竹製作而成，長約五公尺，頂端裝有鐵槍頭，枝幹上帶有很多柔軟的側枝，即便是用鋒利的倭刀也很難將其砍斷。此外，側枝上還塗有毒藥。以前，士兵害怕倭刀，與倭寇作戰，時常驚慌失措。自從有了這種既能自保又能殺敵的狼筅，軍隊士氣得到極大提升。

自從有了戚家軍，戚繼光在殺倭寇的道路上可謂高歌猛進。

戚繼光不但打自己地盤上的倭寇，還經常被邀請到其他地方幫忙打倭寇。

總之，只要遇到倭寇，戚繼光就往死裡打。

一路打下來，被殺死、淹死、燒死的倭寇不計其數！

　　有一年，倭寇湊在一起攻打福建，一連攻克壽寧、政和、寧德等十餘地。更囂張的是，他們還住下不走了。
　　當地官員個個都是膽小鬼，不敢收拾他們，就和他們乾耗了一年多。

為了消滅福建的倭寇，朝廷只好派戚繼光前去幫忙。

戚繼光一到福建，不但大敗倭寇，還斬殺二千六百多人。倭寇倉皇敗逃，戚繼光一路追擊，一連攻破六十座營地，又斬殺一千多名倭寇。

在戚繼光的大清洗下，福建的倭寇幾乎絕跡。

然而，戚繼光前腳剛走，倭寇後腳卻又跑回福建鬧事。

倭寇雖然生猛，但偶爾會遇到難啃的骨頭，例如興化府。他們一連圍攻了數天，卻始終未能攻破。

就在這時，倭寇動起了歪腦筋。

當時，來支援福建的廣東總兵劉顯派八名士兵，攜帶文書到被倭寇圍困的興化府辦事，但他們還沒來得及進城，就被倭寇殺了。隨後，倭寇換上他們的衣服，冒充明軍，混進興化府。等到大半夜，他們悄悄打開城門。倭寇趁機殺入，很快便占領興化府，並將其劫掠一空。

這下，錢有了，
美女也有了！

倭寇在興化府住了兩個月，隨後又占領平海衛，並以此為根據地。

當時，劉顯兵少，不敢收拾倭寇，而福建總兵俞大猷又不想獨自對抗倭寇，只想合圍。對明軍而言，場面一度十分尷尬！

為了緩解尷尬，戚繼光再次帶兵殺到福建。

小知識

一到福建，戚繼光統領中軍，劉顯統領左軍，俞大猷統領右軍，三軍三面夾擊倭寇。戚繼光率先突破倭寇的防線，然後左右兩軍趁機殺出，一舉擊敗倭寇，並斬殺二千多人。在此戰中，戚繼光獲得首功，並取代俞大猷做了總兵。

優秀的人就應該不斷地替他升職加薪！

　　第二年，不怕死的倭寇再次聚集一萬多人，到仙遊鬧事。結果，被戚繼光打到墜崖而死者不計其數。

　　有些倭寇好不容易僥倖逃到懸崖頂上，戚繼光又兵分五路，爬上懸崖，俘虜、殺死數百人。

遇到我，你們插翅難飛！

不管是殺倭寇，還是後來抗擊北方蒙古部落的入侵，戚繼光都立下無數戰功。

然而，優秀的人總會招人嫉妒，尤其是像戚繼光這樣的人。

有很多小人經常在戚繼光背後使壞呢！

不過，戚繼光是幸運的，因為有不少人曾暗中保護他，例如先後做過內閣首輔的徐階、高拱、張居正。

別讓我們發現誰為難戚繼光，
不然我們饒不了他！

　　然而可惜的是，大家不可能永遠保護他。就在張居正死後
半年，厄運降臨到了戚繼光的頭上。

像戚繼光這種手握兵權數十年
的危險分子，怎麼能讓他一直
駐守北部邊疆呢？應該替他換
一份工作！

照你說的辦！

好鋼本來應該用在刀刃上，然而朝廷卻一紙調令，將戚繼光調到無關緊要的廣東。

英雄恐怕再無用武之地了！

戚繼光很鬱悶，到達廣東一年後，就病倒了。
他想請病假回老家，卻遭小人彈劾，以至於被罷官。

現在朝廷裡小人得勢，有人曾上書請求重新起用我，竟然遭到停發工資的處分！

戚繼光鬱鬱不得志，不久便去世了。

倭寇易殺，小人難除啊！

HISTORY 系列 112

將帥大進擊：歷代勇者的忠肝義膽

作　　者 ── 韓明輝
副總編輯 ── 邱憶伶
責任編輯 ── 陳映儒
行銷企畫 ── 林欣梅
封面設計 ── 兒日
內頁設計 ── 張靜怡

編輯總監 ── 蘇清霖
董 事 長 ── 趙政岷
出 版 者 ── 時報文化出版企業股份有限公司
　　　　　　108019 臺北市和平西路三段 240 號 3 樓
　　　　　　發行專線 ──(02) 2306-6842
　　　　　　讀者服務專線 ── 0800-231-705．(02) 2304-7103
　　　　　　讀者服務傳真 ──(02) 2304-6858
　　　　　　郵撥 ── 19344724 時報文化出版公司
　　　　　　信箱 ── 10899 臺北華江橋郵局第 99 信箱
時報悅讀網 ── http://www.readingtimes.com.tw
電子郵件信箱 ── newstudy@readingtimes.com.tw
時報出版愛讀者粉絲團 ── https://www.facebook.com/readingtimes.2
法律顧問 ── 理律法律事務所　陳長文律師、李念祖律師
印　　刷 ── 勁達印刷有限公司
初版一刷 ── 2023 年 5 月 12 日
定　　價 ── 新臺幣 380 元
（缺頁或破損的書，請寄回更換）

時報文化出版公司成立於 1975 年，
1999 年股票上櫃公開發行，2008 年脫離中時集團非屬旺中，
以「尊重智慧與創意的文化事業」為信念。

將帥大進擊：歷代勇者的忠肝義膽／韓明輝著.
-- 初版 . -- 臺北市：時報文化出版企業股份有
限公司, 2023.05
240 面；14.8×21 公分 . --（History系列；112）
ISBN 978-626-353-785-9（平裝）

1. CST：傳記　2. CST：通俗作品
3. CST：中國

782.2　　　　　　　　　　　　112006075

ISBN 978-626-353-785-9
Printed in Taiwan